DIE BOEK "BEVORDERING EN VOORSPOEDIG: STRATEGIEë VIR BESIGHEIDSGROEI"

Vrolik

5

VIR

Wat is besigheidsbemarking?

Om hul teikengehoor te bereik, boodskappe te stuur en verkope van produkte en dienste te verhoog, gebruik baie organisasies en maatskappye verskillende bemarkingstaktieke, soos korporatiewe advertensies. Om hul doel te bereik, kan hulle 'n verskeidenheid strategieë gebruik, insluitend skakelwerk, persoonlike verkope en direkte bemarking. Deur die beste bemarkingstrategie vir jou besigheid te kies, kan jy jou wins verhoog en 'n sterk reputasie opbou. Hierdie artikel dek die definisie van handelsbevordering, die onderskeid tussen advertensies en advertensies, en 'n bespreking van die verskillende vorme daarvan.

Wat is besigheidsbemarking?

Vir die antwoord op die vraag "Wat is kommersiële ondersteuning?" Jy kan verken wat dit behels en wat die verskillende variasies is. Besighede gebruik handelsbevordering as 'n metode om verkope van hul goedere en dienste te verhoog. Dit is deel van die bemarkingsmengsel, wat ook die produk, prys, ligging en advertensie-elemente insluit. Die gebruik van verskillende platforms is deel van kommersiële bemarking, met die doel om kliënte te lok om te koop.

Advertensies en kommersiële bevordering het verskillende doelwitte.

Die presiese kategorieë waarin besigheidsbemarking en -advertensies val, is net een van die verskille tussen hulle. Die ander toekennings is:

definisie

Die doel van besigheidsbemarking is om verkope te verhoog deur mense te kry om dinge te koop. Pamflette, sosiale media en direkte persoonlike verkope is van die maniere waarop maatskappye dit doen. Advertensies lig mense in oor 'n produk of diens deur 'n geborgde netwerk, soos TV-advertensies. Deel van besigheidsbemarking is advertensies.

Doelwitte

Die doel van kommersiële advertensies is om kliënte te lok wat reeds 'n produk, diens of handelsmerk ken om dit te koop. Die hoofdoel van hierdie oefening is om verkope te verhoog. Advertensies bereik verbruikers

wat dalk of nie vertroud is met 'n spesifieke handelsmerk nie . Die bou van die reputasie van 'n handelsmerk is die hoofdoel van advertensies.
Bemarkingsondersteuningstrategie ë het 'n onmiddellike impak, terwyl advertensies tyd neem om 'n impak te maak.

Tegnologie

Terwyl kommersiële advertensies meer direk is, gebruik publisiteit 'n indirekte tegniek om bewustheid van 'n produk te verhoog.

Wat is die teikenmark?

'n Teikengehoor is 'n spesifieke demografiese groep wat waarskynlik jou produk of diens sal koop. Soos u in die grafiek hieronder kan sien, is dit sentraal tot al u teiken- en advertensieplanne.

Dit verskil van persona-teikening (ideale groepe mense wat ideale klante is), wat baie breër is en groepe dek wat "mag belangstel".
Tipiese teikengroepe
'n Slim strategie om te verseker dat jy kontak maak met en die mense beïnvloed wat waarskynlik kliënte sal word, is om jou teikengehoor te definieer.

BMW het byvoorbeeld 'n spesifieke teikenmark waarvoor hy 'n verskeidenheid motors (en nou ervarings) bied op grond van die "uiteindelike bestuursmasjien".

Hoewel BMW bekend is vir sy baie lojale klante, soek die maatskappy ook aktief na nuwe kliënte. Terwyl hoë-nettowaarde-kliënte die maatskappy se hoofteikengehoor is, rig dit ook sy advertensies op 'n wye verskeidenheid mense regoor die wêreld.

Hoe vind en verbind jy jou teikengroep

Elke besigheid behoort 'n idee van hul teikenmark te hê, maar in B2B-bemarking kan dit veral nuttig wees om teikenpersonasies te ontwikkel wat baie dieper gaan. Hier kan jy navorsingsgebaseerde profiele gebruik wat jou potensiële kliënte identifiseer om jou te help om inhoud spesifiek vir hulle en hul behoeftes te skep.

Effektiewe maniere om 'n wonderlike handelsmerkidentiteit te skep?

Moderne kliënte wil verbind word met 'n maatskappy se stem, boodskap en handelsmerkbeeld, nie net 'n spesifieke produk nie. Die bou van 'n handelsmerk is egter meer 'n proses as net 'n aksie. Die entrepreneur moet die beste strategieë kies om sy handelsmerkidentiteit te kommersialiseer en dit voortdurend te "leef", sy werk en sy verbruikers leer ken.

Fokus jou handelsmerk op jou storie

Ervare verbruikers soek maniere om te skakel en te identifiseer met die produkte en dienste wat hulle koop. Om jouself in jou oorsprongverhaal te vind is 'n kragtige manier vir verbruikers om met jou handelsmerk te skakel. Jou besigheidsverhaal behoort inspirasie vir jou ontwikkeling te verskaf sodat jou teikengehoor met jou kan identifiseer en 'n gevoel van lojaliteit vir jou kan ontwikkel.

Maak seker die kliënt is tevrede. Lewer die handelsmerkbelofte

Dink aan hoe die werklike klantervaring die handelsmerkbelofte weerspieël. Byvoorbeeld, hoe weerspieël klante raakpunte die vertroue-oriëntasie van die handelsmerkbelofte? Toon jou faktuur net die boete vir nie-betaling? Hoe word hierdie verpligting nagekom? Dit is belangrik om na te dink oor hoe elke stadium van die kliëntreis met jou handelsmerk verband hou.

Maak seker dat jou spanlede daarvan hou.

Sakeleiers vergeet dikwels dat hul werknemers die beste handelsmerkambassadeurs is. Jy sal jou handelsmerk meer bou as wat jy bedoel het deur jou werknemers met respek te behandel, hulle gewaardeer te laat voel vir die werk waarvoor hulle aangestel is, en hulle die vryheid te gee om te innoveer. Fokus op jou interne kliënte; Jy dink aan die res.
Dit begin met 'n sterk gevoel van eiewaarde.

As jy nie weet hoe die mense wat jy wil bereik jou sien nie, is dit amper moeilik om 'n baie suksesvolle handelsmerkstrategie te ontwikkel. Om die waarde van jou unieke besigheid te verstaan is van kritieke belang, maar daar is meer daaraan as om by ander te spog oor hoe goed jy is in wat jy doen. Moenie die twee verwar nie. Daarom bestee groot maatskappye baie geld aan fokusgroepe.

Staan uit van die kompetisie

Handelsmerke wat aan onvervulde markvraag voldoen, onderskei hulself van die kompetisie. Een wat passie en eerlikheid kombineer, iets wat hulle vasvang en met vrymoedigheid aan die gehoor oordra. Baie handelsmerkbestuurders is egter huiwerig om nuwe dinge te probeer of die onbekende aan te durf. Dit is fataal om met die opposisie vergelykbaar te wees. Die mark smag na nuutheid, so gee dit vir hulle en hulle sal dit koop.

Om 'n slagspreuk en logo te skep: 7 fokus wenke.

Dit maak sin:

- Stuur 'n boodskap wat jou teikengehoor ter harte sal neem en verstaan.

- Maak dit onvergeetlik.

- domkrag

- sê dit hardop

- Inkorporeer dit in jou logo-ontwerp. doen wat jy kan doen

- Wat maak 'n onvergeetlike logo-ontwerp?

- Belangrike elemente in die skep van 'n onvergeetlike logo-ontwerp Jy moet seker maak dat jou logo-ontwerp eenvoudig maar kenmerkend is.

Skep 'n digitale teenwoordigheid

In 2023 het ons besef dat niks seker is wanneer dit by klein ondernemings kom nie. Maatskappye het verander, sakemodelle is ontwrig, verbruikersgewoontes en -gedrag het verander. Die bekendstelling van nuwe tegnologieë en die toepassing van digitale metodes het 'n belangrike rol in baie van hierdie verbeterings gespeel.

Kom ons kyk nou hoe die gebruik van digitale taktiek jou kan help om 'n sterk aanlyn-teenwoordigheid te bou, meer nuwe kliënte te bereik, betrokkenheid by jou huidige kliëntebasis te verhoog en die profiel van jou hele besigheid te verhoog. Hulle moet verbruikers bereik waar hulle vandag is –

aanlyn – omdat verbruikersgedrag verander het.

Kies die beste webwerfbouer vir jou kleinsake-webwerf.

U kan u webwerf skep met behulp van een van die vele webwerfbouers wat beskikbaar is. Sommige maak staat op basiese ontwerp- en koderingsvaardighede, terwyl ander juis dit doen.

Belê in 'n domein

As jy aanlyn vertroue wil bou en kliënte wil oortuig dat jy die regte ding is, het jou besigheid 'n domeinnaam nodig. Om jou eie domeinnaam te besit, verbeter soekenjinranglys en beskerm jou handelsmerk.

Dink aan jou domeinnaam as die internetweergawe van jou fisiese ligging. Beheer hoe mense jou aanlyn vind.

Wat moet jou domeinnaam dan wees? Wanneer jy 'n domeinnaam kies, probeer om dit so kort en relevant vir jou besigheid as moontlik te hou. Om klante aan te moedig om terug te kom (en jou dalk by hul vriende aan te beveel!), maak seker dit is relevant vir jou besigheid, maklik om te vind en ideaal om te onthou.

Wanneer u u domeinnaam kies, is daar verskeie dinge om te vermy, insluitend syfers, koppeltekens en afkortings. Dit is natuurlik ook baie belangrik om seker te maak dat jy werklik die domeinnaam kan koop wat jy wil hê. Daar is niks erger as om 'n domeinnaam te kies en selfs sosiale media-rekeninge op te stel net om uit te vind dat jy reeds verslaaf is nie.

die welkome bladsy

Dink aan jou webwerf se tuisblad as die ingang. Dit is jou kans om 'n goeie eerste indruk te maak en die belangrikste kenmerke van jou produk of diens uit te lig. Hou in gedagte dat verbruikers nie veel tyd het nie en besluite oor jou webwerf word binne net 0,05 sekondes (!!!) geneem.

Wanneer jy jou tuisblad ontwerp, is dit belangrik om te dink: "Vir wie is dit?" Dit is net so waar vir jou webwerf as vir jou hele besigheid. Maak seker dat jou tuisblad duidelik aandui of jy 'n spesifieke groep of bedryf teiken. Dit kan gekommunikeer word deur woorde, beelde of nog beter, albei.

Verduidelik duidelik aan jou besoekers wat om volgende te

doen. Wil jy hê mense moet by jou koop, jou bel of op jou poslys inteken? Die laaste bladsy of aksie wat besoekers op jou werf neem, behoort nie jou tuisblad te wees nie.

Jou tuisblad biografie

Elke kleinsake-eienaar het 'n storie om te vertel. Wat het jou laat begin? Watter probleem probeer jy oplos? Hoekom waardeer jy jou besigheid? Jy moet hierdie storie op jou Meer oor-bladsy vertel.

Soms lyk hy ongemaklik of gedwing om oor homself te praat. Deur egter jou kleinsake-storie te vertel, gee jy 'n potensiële kliënt of ondersteuner die kans om meer oor jou te leer as wat hulle andersins sou. Verduidelik hoekom hulle moet belangstel in wat jy doen en wat jou maatskappy van die kompetisie onderskei.

Deel ook al die flieks en foto's wat jy het. Ondanks die feit dat Dawn in La Provence 'n bekende gesig in die Constant Contact-kantoor is, hou Dawn in La Provence nie daarvan om gefotografeer of aanlyn gedeel te word nie. Alhoewel dit aanbeveel word, het ons verkies om die bekende hawe van La Provence op jou Meer oor-bladsy in te sluit eerder as 'n foto van jou en jou span. Onder die foto verskaf Dawn inligting oor die winkel se geskiedenis, oorsprong en ligging.

kontak bladsy vir jou

Basies is 'n kontakbladsy net nodig vir jou kliënte om jou te kontak. Dit is belangrik om duidelik te wees oor wat besoekers van jou verwag wanneer hulle jou kontak. Wanneer gaan jy weer reageer? Wat verwag jy moet hulle wys? Watter inligting moet jy absoluut in jou boodskap insluit?

Dit is 'n goeie idee om besonderhede in te sluit oor jou kontakinligting en waar en wanneer kliënte jou kan kry. Terwyl die meeste mense waarskynlik die kontakvorm sal gebruik, wil ander dalk 'n dringende reaksie hê en verkies om te bel of te stop. Die verskaffing van jou adres, kontakbesonderhede en openingstye op hierdie bladsy sal hierdie proses vergemaklik.

Hoe kan maatskappye sosiale media vir hul bemarking gebruik?

Sosiale media is 'n goeie manier om met jou kliënte te skakel en te sien wat ander oor jou besigheid sê. Mobiele toepassings, geskenke en sosiale media-advertensies is ander potensiële gebruike. Sosiale media kan jou besigheid help om kliënte te lok, kliënteterugvoer in te samel en lojaliteit te bou.

Hoeveel word sosiale media gebruik om ander besighede te adverteer?

Hoe om 'n effektiewe B2B sosiale media bemarkingstrategie te skep Sinchroniseer jou doelwitte met dié van jou maatskappy.
Wees bewus van sosiale geleenthede.

Hou jou kliënte dop.

Gebruik die regte sosiale media platforms.

Skep B2B-inhoud vanuit 'n nuwe hoek.

Ontleed jou statistieke om jou vordering te sien.

Wat presies is SEO-bemarking?

Soekenjinoptimalisering (SEO) behels die posisie van jou webwerf om hoër op 'n SERP (soekenjinresultatebladsy) te verskyn om meer besoekers te lok. Dit is algemene praktyk om sleutelwoorde op die eerste bladsy van soekenjinresultate vir jou teikenmark te rangskik.

Beskryf SEO. Hoe dit werk?

Die kuns en wetenskap om 'n bladsy se posisie in soekenjins soos

Google te verbeter, word weboptimering (SEO) genoem. Aangesien soektog een van die primêre maniere is waarop verbruikers inhoud aanlyn ontdek, kan verkeer na 'n webwerf toeneem namate dit hoër in soekenjins rangskik.

Hoe kan jy SEO gebruik om 'n besigheid te bemark?

8 SEO-wenke vir klein ondernemings

1. Kies logiese sleutelwoorde.
2. Gee aandag aan jou unieke items.
3. Skakel na jou werf in plaas daarvan om dit met sleutelwoorde te vul.
4. Produseer heel eerste klas,
5. Publiseerbare materiaal.
6. Neem deel aan sosiale media aktiwiteite.
7. Maak seker dat jou werf maklik is om te navigeer.
8. Ontleed die resultate.

Wat is 'n strategie vir inhoudbevordering?

Die praktyk om blogplasings en ander hulpbronne deur betaalde en gratis kanale te deel. Daarom word beïnvloeder-advertensies, openbare betrekkinge, e-posbemarking, sosiale media en verspreiding bekend as inhoudsadvertensies.

Wat is ondernemingsinhoudbemarking?

'n Vorm van advertering bekend as "inhoudbemarking" is die skepping en verspreiding van aanlyninhoud met die doel om lesers aan te moedig om 'n handelsmerk se webwerf te besoek, nie net om dit te bevorder nie. Die gebruik van storievertelling en die deel van inligting help om handelsmerkbewustheid te verhoog.

Hoe kan inhoudsbemarking gebruik word om my besigheid te bevorder?

1. Hoe jy inhoudbemarking kan gebruik om jou besigheid te laat groei
2. Bepaal jou teikengehoor.

3. Soek vir relevante terme.
4. Kies en ken jou hulpbronne toe.
5. Jy moet jou span beplan.
6. inhoud skep
7. Adverteer na die verlangde teikengroep.
8. Voeg jou resultate by.

Watter bemarkingsbenaderings word deur sosiale media ondersteun?

Buffer-gebaseerde sosiale media bemarking

Sommige maatskappye gebruik sosiale media om handelsmerkbewustheid te verhoog, terwyl ander dit gebruik om verkope en webwerfverkeer te bevorder. Die gebruik van sosiale media kan jou ook help om 'n gemeenskap te bou, jou handelsmerk se sigbaarheid te verhoog en kliënte 'n manier te gee om jou te kontak vir kliëntediens.

Wat is die vyf bemarkingsmetodes vir sosiale media-platforms?

Vyf wenke vir effektiewe sosiale media bemarking

Maak 'n aksieplan. Elke platform vereis 'n unieke benadering.

Wees betroubaar. Alhoewel die frekwensie van plasings per platform verskil, is dit altyd 'n goeie idee om gereeld te plaas.

Skep interessante en boeiende inhoud om betrokkenheid te verhoog.

Metrieke monitering en analise.

Wat is die doeltreffendste digitale bemarking vir besighede?

- facebook,
- tjirp,
- Instagram,
- Linkedin,
- snapchat,
- EN
- belangstelling

Van die mees gebruikte platforms om handelsmerke te bou en bemarkingsveldtogte te bestuur?

Wat is e-posbemarking vir advertensies?

Definisie. 'n Promosie-e-pos sal na die poslys gestuur word om jou nuwe of bestaande produk of diens te bevorder. Promosieboodskappe word gestuur om mense in te lig oor nuwe materiaal, spesiale aanbiedinge of aanbiedinge.

Hoe werk e-posbemarking?

E-posbemarking kan gebruik word om intekenare in te lig oor die lys wat jy byhou oor nuwe produkte, afslag en ander dienste. Nog 'n meer subtiele bemarkingstrategie is om jou gehoor op te voed oor die voordele van jou besigheid of om hul aandag te hou na die verkoop.

Wat is die vier tipes e-posbemarking?

Hier is 4 wonderlike e-posbemarkingstrategieë wat jy kan gebruik saam met 'n paar voorbeelde.

E-pos nuusbriewe. E-pos nuusbriewe, ook bekend as transaksionele e-pos, is een van die

gewildste en gewildste e-posbemarkingsinisiatiewe.
E-posbehoud. promosie-e-posse.

Hoe kan e-posbemarking gebruik word om 'n besigheid te bevorder?
Wenke vir die bou van 'n suksesvolle e-posbemarkingsveldtog
Kies 'n relevante poslys.
Skep jou e-pos.
Pas die onderwerp en liggaam van jou e-pos aan.
Wees vriendelik en aantreklik.
Stel begeleidings op.
E-posse moet deur 'n regte persoon gestuur word.
A/B toets jou e-posse.
Volg boodskapreëls om strooipos te voorkom.

Wat is geborgde advertensies in advertensies?

Digitale bemarkingskursus: Betaalde advertensies - DMI

Enige plasing of mediaspasie moet aangekoop word vir materiaal waarvoor betaal moet word vir bemarkingsdoeleindes. Dit is gewoonlik advertensies of advertensies wat spesifiek ontwerp is om jou teikengehoor te bereik. Betaalde advertensies is 'n goeie manier om die doeltreffendheid van jou inhoud en jou gehoor se reaksie op jou bemarkingsboodskap te bepaal.

Vir watter soort advertensies word betaal?

Wat is die voordele van betaalde advertensies?

Die aanlynadvertensies wat jy koop, word, soos die naam aandui, betaalde advertensies genoem. Betaal-per-klik (PPC), programmatiese advertensies soos Google Ads, Google Display, Facebook Ads, Youtube Ads, LinkedIn Ads, Google and Facebook-hertargeting en vele ander is 'n paar voorbeelde van betaalde advertensies.

Hoe kan ek my besigheid bemark en terselfdertyd geld verdien?

Ten slotte sal dit jou aanmoedig om nuwe en oorspronklike maniere te vind om jou advertensies te bevorder.

Netwerk met 'n motorreklame-agentskap. Verkoop advertensiespasie op jou podcast.

Verkoop advertensiespasie op u webwerf.

Verkoop jou foon se sluitskerm.

Beoordeel produkte op sosiale netwerk-webwerwe.

Word 'n kragtige invloed.

Dien gasplasings in.

Hoe kan ek beïnvloeders kry om my besigheid te ondersteun?

Die sleutel om beïnvloeders te kry om jou plasings te stem, is om te verduidelik hoekom jy dink dit pas by jou maatskappy. Vertel die inhoudvervaardiger hoekom jy van hulle hou en hoe hulle jou veldtogdoelwitte en handelsmerkwaardes ondersteun.

Watter voordele kan beïnvloedersbemarking maatskappye bied?

Samewerking met beïnvloeders kan jou besigheid aanlyn help uitstaan. Boonop kan u gehoorbetrokkenheid, handelsmerkreputasie en omskakelingskoerse verhoog. Dit is tyd dat bemarkers en entrepreneurs die waarde van beïnvloedersbemarking verstaan en benut.

Wat is handelsmaatskappye?

Vennootskappe is ooreenkomste en aksies tussen organisasies wat ooreenkom om hulpbronne te deel om 'n gemeenskaplike doel te bereik. Samewerkings vereis die deelname van ten minste twee partye wat bereid is om hulpbronne soos geld, inligting en mense uit te ruil.

Wat is die rol van alliansies en samewerking in besigheid?

Samewerking hou baie voordele in en, wanneer dit reg gedoen word, kan dit werknemers se betrokkenheid, welstand en produktiwiteit dramaties verhoog. Om sukses te behaal, het 'n samewerkende besigheid drie noodsaaklike elemente nodig: 'n kultuur van samewerking, die regte tegnologieë en duidelik gedefinieerde doelwitte.

Wat is handelsmerkbemarking deur besigheidsamewerking?

Hoe om jou Instagram-volgelinge te laat groei deur handelsmerksamewerking ...

Brand x Brand-vennootskappe word gevorm wanneer twee of meer maatskappye saamwerk om iets anders en oorspronkliks vir 'n veldtog te skep en mekaar te help groei.

Plaaslike bemarkingstrategie: wat is dit?

Die doel van plaaslike bemarking is om mense te bereik wat in dieselfde stad of streek as jou besigheid woon. Hierdie deel van jou bemarkingstrategie teiken klante wat jou produkte of dienste te eniger tyd kan koop en wat binne 'n sekere radius van jou besigheid se werklike ligging is, gewoonlik gebaseer op afstand afgelê.

Hoe kan ek my besigheid in my woonbuurt bevorder?

- Hoe om jou besigheid plaaslik te bevorder
- Sluit aan by streeksorganisasies.
- Organiseer toernooie en kompetisies.
- Bied plaaslike voordele en aansporings.
- Maak kontak met beïnvloeders en maatskappye naby jou.
- Lys jou besigheid in alle plaaslike gidse.
- Plaas jou logo op die masjiene.
- Borg 'n groep of aktiwiteit

Wat is getuigskrifte en resensies?

Resensies is 'n verbruiker se impulsiewe en eerlike mening oor hul aankoop, beide positief en negatief. Aan die ander kant is getuigskrifte net positiewe klantverhale wat versamel is met bemarkingsaspekte.

Wat beteken 'n getuigskrif?

Voorbeelde van steelbare advertensie-getuigskrifte wat jy kan...

'n Kliënt se opmerking oor hoe 'n produk of diens hulle gehelp het, is dikwels 'n bekragtiging. Dit word 'n sertifikaat van aanbeveling genoem. Een van die beste maniere om jou besigheid te bemark, is deur getuigskrifte-advertensies wat werklike klantgetuigskrifte in advertensietaal en kreatiwiteit gebruik.

Hoe word verbruikersresensies en -aanbevelings gebruik?

- Plaas getuigskrifte op bestemmingsbladsye.
- Sluit getuigskrifte in bemarking-e-posse in.
- Gebruik klantgetuigskrifte in jou geborgde advertensies.
- Sluit die verslae in jou blog in.
- Plaas tekens naby die GTA.
- Plaas opmerkings op sosiale media.
- Verander klante-getuigskrifte in suksesverhale.
- Moenie negatiewe resensies ignoreer nie.

Wat is die Bemarkingsanalise-benadering?

Wat is 'n Bemarkingsanalise? 'n Bemarkingsassessering is 'n proses wat jou help om die verskillende gehore en demografiese segmentasies van jou teikenmark te verstaan, sowel as suksesvolle betrokkenheidstaktieke, klantreise en omskakelingsoptimaliseringstegnieke.

Wat is die vier verskillende tipes bemarkingstaktieke?

Tradisionele en internetreklame, aangesig-tot-aangesig verkope, direkte verkope, skakelwerk, borgskap en promosies is voorbeelde van tipes advertensiestrategieë.

Hoe kan ek my besigheid vanlyn bevorder?

Besigheidskaartjies vir jou klein besigheid - vanlyn bemarking konsepte. Een van die beste maniere om jou besigheid te bevorder, is om geld op kwaliteit besigheidskaartjies te spandeer.

Skep pamflette en brosjures.

Skep 'n boek, verander handelsmerke, bied afslag, ens.

Stuur Kerskaartjies en geskenke.

kruisbevordering.
gemeenskapsdeelname.

Lojaliteitsprogramme: wat is dit?
Hoe om deelname aan kliëntelojaliteitsprogramme te verhoog ...
'n Sistematiese benadering tot kliëntebehoud wat daarop fokus om kliënte te beloon, is 'n lojaliteitsprogram. Die doel is om mense te kry om by jou maatskappy te koop en nie die kompetisie nie. Verhoog ook kliënte se vertroue in jou handelsmerk.

Watter voordele kan kliëntelojaliteitsprogramme aan maatskappye bied?

Lojaliteitsprogramme kan maatskappye help om hul mees waardevolle kliënte te behou met unieke aansporings. Jy kan ook belangrike bemarkingsdata insamel, verwysings verhoog en ander dinge doen. Bemarkers hou ook van lojaliteitsprogramme, so dit is nie net vir kliënte nie.

Wat is kliëntelojaliteitsprogramme en hoe gebruik maatskappye dit?

Wat is 'n lojaliteitsprogram? Kliënte wat by 'n handelsmerk betrokke raak, word dikwels met lojaliteitsprogramme beloon. Dit is 'n metode om kliëntelojaliteit te bou en hulle aan te moedig om voort te gaan om by jou maatskappy te koop en nie een van jou mededingers nie. Kliënte kry meer aansporings hoe meer hulle spandeer of met die maatskappy kommunikeer.

Lekker lees

www.ingramcontent.com/pod-product-compliance
Lightning Source LLC
Chambersburg PA
CBHW071121260726

48661CB00006B/2665